Bernadette Wakim

Informatisation d'un dossier d'anesthésie hospitalier

Bernadette Wakim

Informatisation d'un dossier d'anesthésie hospitalier

Indicateurs de Qualité

Éditions universitaires européennes

Mentions légales/ Imprint (applicable pour l'Allemagne seulement/ only for Germany)

Information bibliographique publiée par la Deutsche Nationalbibliothek: La Deutsche Nationalbibliothek inscrit cette publication à la Deutsche Nationalbibliografie; des données bibliographiques détaillées sont disponibles sur internet à l'adresse http://dnb.d-nb.de.
Toutes marques et noms de produits mentionnés dans ce livre demeurent sous la protection des marques, des marques déposées et des brevets, et sont des marques ou des marques déposées de leurs détenteurs respectifs. L'utilisation des marques, noms de produits, noms communs, noms commerciaux, descriptions de produits, etc, même sans qu'ils soient mentionnés de façon particulière dans ce livre ne signifie en aucune façon que ces noms peuvent être utilisés sans restriction à l'égard de la législation pour la protection des marques et des marques déposées et pourraient donc être utilisés par quiconque.

Photo de la couverture: www.ingimage.com

Editeur: Éditions universitaires européennes est une marque déposée de Südwestdeutscher Verlag für Hochschulschriften GmbH & Co. KG
Dudweiler Landstr. 99, 66123 Sarrebruck, Allemagne
Téléphone +49 681 37 20 271-1, Fax +49 681 37 20 271-0
Email: info@editions-ue.com

Produit en Allemagne:
Schaltungsdienst Lange o.H.G., Berlin
Books on Demand GmbH, Norderstedt
Reha GmbH, Saarbrücken
Amazon Distribution GmbH, Leipzig
ISBN: 978-613-1-55805-4

Imprint (only for USA, GB)

Bibliographic information published by the Deutsche Nationalbibliothek: The Deutsche Nationalbibliothek lists this publication in the Deutsche Nationalbibliografie; detailed bibliographic data are available in the Internet at http://dnb.d-nb.de.
Any brand names and product names mentioned in this book are subject to trademark, brand or patent protection and are trademarks or registered trademarks of their respective holders. The use of brand names, product names, common names, trade names, product descriptions etc. even without a particular marking in this works is in no way to be construed to mean that such names may be regarded as unrestricted in respect of trademark and brand protection legislation and could thus be used by anyone.

Cover image: www.ingimage.com

Publisher: Éditions universitaires européennes is an imprint of the publishing house Südwestdeutscher Verlag für Hochschulschriften GmbH & Co. KG
Dudweiler Landstr. 99, 66123 Saarbrücken, Germany
Phone +49 681 37 20 271-1, Fax +49 681 37 20 271-0
Email: info@editions-ue.com

Printed in the U.S.A.
Printed in the U.K. by (see last page)
ISBN: 978-613-1-55805-4

SOMMAIRE

1. Introduction

Les systèmes d'information médicaux doivent se distinguer par leur capacité à enregistrer et transmettre des informations et des connaissances médicales. Les objectifs de ces informations sont variés : le soin au patient, l'évaluation de la qualité, la recherche et l'épidémiologie, la planification et la gestion.

L'informatisation du service ou d'un processus de soins est donc d'une grande utilité, elle permet de prévenir et d'éviter la survenue des erreurs grâce aux aide-mémoires, aux listes de contrôle, à l'informatisation des tâches répétitives, aux contrôles qui ne permettent pas aux utilisateurs d'effectuer une action sans que les conditions de sécurité de base soient effectives.

L'informatisation du service d'anesthésie est « un apport remarquable à la qualité de prise en charge des patients par les anesthésistes réanimateurs. Il permet de passer moins de temps à des tâches fastidieuses de recopiage des documents écrits (et répétitifs) pour mieux se concentrer sur l'acte, le choix des protocoles et l'information du patient, de mieux connaître l'activité du service et la morbidité, et de mieux évaluer les pratiques ». [1]

Nous avons choisi dans cette étude de :

- Etudier et informatiser le processus de fonctionnement du service d'anesthésie dans l'Hôpital Hayek.
- Modéliser et informatiser le dossier d'anesthésie.
- Extraire certains indicateurs de qualité nécessaires pour ce service qui permettent entre autre d'Evaluer les Pratiques Professionnelles (EPP) concernant particulièrement le contrôle de la Douleur Post Opératoire (DPO) dans l'hôpital.

Le contrôle de la DPO rentre dans le cadre de «l'adéquation aux besoins des patients des indications d'hospitalisation, des durées de séjour, des actes et prescriptions est un élément important d'évaluation de la qualité des soins » [3].

Notons le dossier personnel d'un patient contient ses informations personnelles, sa couverture (CNSS, Assurance, …) et d'autres informations remplies lors de l'accueil du patient à l'hôpital et au service de soins. Le service d'anesthésie a besoin d'accéder à ses informations d'où une analyse simplifiée des services d'amission et soins.

Nous avons basé notre étude sur l'analyse du dossier d'anesthésie utilisé à l'hôpital ainsi que la procédure décrivant le processus d'anesthésie et les indicateurs de qualité requis.

2. Présentation de l'institution et du service

L'étude a été réalisée dans un hôpital privé au Liban qui compte 50 lits entre activités médicales et chirurgicales ou sont faites 100 à 120 opérations par mois.

Les opérateurs de cette institution sont des chirurgiens dans différentes spécialités, à activité variable, des anesthésistes plus ou moins impliqués dans le processus de l'accréditation et un personnel infirmier en renouvellement continu.

Notons que l'hôpital en question a déjà passé l'accréditation à deux reprises :

- la première fois l'année 2001
- la deuxième fois l'année 2007

En outre il est certifié ISO 9001 par la société Apave (AFAC) depuis 2004.

Des manuels de qualité ont déjà été travaillés dans le service d'anesthésie ainsi que des procédures et des protocoles, entre autre pour le contrôle de la douleur. La DPO est évaluée avec un suivi des indicateurs spécifiques.

L'activité du service couvre surtout des chirurgies de jour, effectuées sous anesthésie locale ou locorégionale suite à des visites préopératoires.

3. Solution adoptée

Le dossier d'anesthésie comprend des données :

- utilisables dans différents services comme les informations personnelles, les antécédents médicaux et chirurgicaux, les résultats des examens, ...
- spécifiques à ce service comme la fiche SSPI, les données en postopératoire, etc.

La meilleure solution est donc une application permettant la saisie des différentes informations, la consultation simplifiée des documents et la génération rapide des indicateurs et des statistiques.

Cette application doit permettre à des utilisateurs non experts en informatique une utilisation conviviale et facile tout en respectant un minimum de droits d'accès.

Une telle application doit aussi contrôler les valeurs saisies afin de garder l'intégrité des informations. Ce contrôle est faisable d'abord en proposant des valeurs prédéfinies et un contrôle sur les valeurs saisies lorsqu'une saisie manuelle est nécessaire.

L'objectif principal de ce travail est l'informatisation du dossier d'anesthésie, mais en récupérant certaines informations saisies lors de l'accueil du patient ou son arrivée dans un des services de soins, telles que :

- Informations personnelles
- Antécédents chirurgicaux
- Antécédents médicaux
- Historique des médicaments

Pour cela, nous avons <u>simulé</u> la saisie de ces données du service d'admission et soins.

Notons que le terme service est utilisé pour designer tout département (administratif ou médical) ayant accès au dossier patient.

3.1. Technologies utilisées

Les méthodes et technologies utilisées sont :

- la méthode UML pour modéliser l'analyse des processus et de la base de données.
- Le SGBD SqlServer utilisé pour l'application admission et comptable dans l'hopital.
- Les technologies .NET : ASP.NET pour développer le prototype.

4. Service d'admission simplifié

4.1. Description du processus d'admission simplifié

L'arrivée d'un patient à l'hôpital nécessite le remplissage d'une *fiche patient* contenant ses informations personnelles (noms, prénoms, date de naissance, adresse, …) et d'un *dossier patient* pour un nouveau séjour dans l'hôpital.

Si le patient existe déjà dans le système, une modification pourra être nécessaire pour introduire les nouveaux changements à l'état du patient concerné.

Dans un cas d'urgence, le scénario décrit précédemment demeure inutile et seulement une fiche urgente est remplie pour indiquer le nom, prénom, et l'étiquette (Assurance, CNSS…) selon laquelle le patient va être introduit à l'hôpital.

Bien que les dossiers mentionnés ci-haut ne soient pas la responsabilité directe du service d'anesthésie, notre application doit en tenir compte puisqu'on aura besoin de ses informations.

4.2. Use case du processus d'amission simplifié

Le responsable d'accueil effectuera la saisie des informations nécessaires comme le montre l'Use Case ci-dessous.

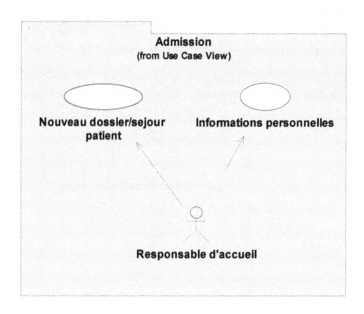

Figure 1- Use Case: service admission simplifié

4.3. Diagramme d'activités du processus simplifié d'admission

Les étapes de ce processus sont :

- Dans le cas d'une première visite à l'hôpital, les *informations personnelles* du patient doivent être saisies ainsi que ses données pour le nouveau séjour/dossier.

- Si le patient existe déjà dans la base de l'hôpital, l'utilisateur va saisir les éventuelles *modifications* concernant le dossier patient.

- Dans les deux cas, un <u>nouveau</u> *dossier patient* sera créé pour indiquer les détails de sa visite : la date d'entrée, type de couverture et médecin traitant, etc.

Ces étapes peuvent être modélisées par le diagramme d'activités suivant :

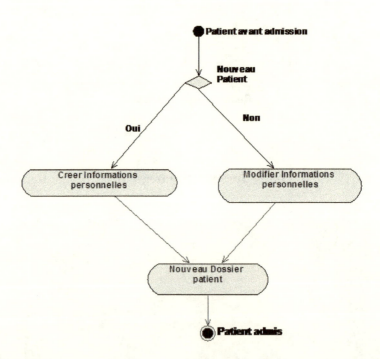

Figure 2 - Diagramme d'activités: processus d'admission simplifié

8

5. Service des soins simplifié

5.1. Description du processus de soins

L'arrivée d'un patient à un service de soins nécessite le remplissage d'une *fiche patient* contenant ses **informations médicales :** médicaments, antécédents et actes médicaux. Ces informations pourront être modifiées plus tard dans le service d'anesthésie.

5.2. Use case du processus de soins

Nous avons supposé l'existence d'une infirmière qui effectuera la saisie des informations nécessaires comme le montre l'Use Case ci-dessous.

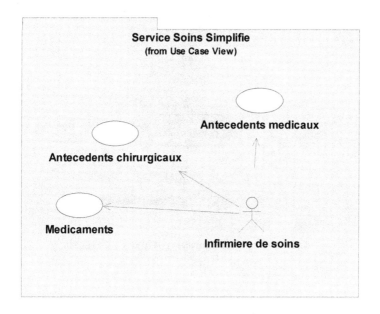

Figure 3- Use Case: service de soins

9

5.3.Diagramme d'activités du processus de soins simplifié

Si le patient existe déjà dans la base de l'hôpital, l'utilisateur va saisir les éventuelles modifications concernant ses antécédents médicaux; sinon il va ajouter des nouvelles informations. Ces étapes peuvent être modélisées par le diagramme d'activités suivant :

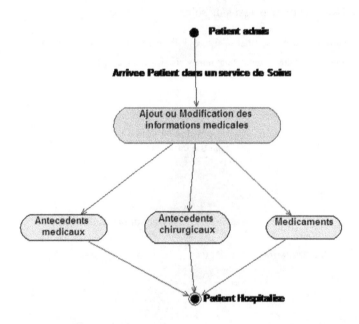

Figure 4 - Diagramme d'activités : processus de soins simplifié

6. Service d'anesthésie

6.1. Description du processus d'anesthésie

Nous exposons seulement les étapes en relation avec les documents et informations manipulés dans l'application. Le processus est beaucoup plus complexe mais sort du cadre de l'étude.

1. L'anesthésiste est convoqué par la standardiste à la demande d'un spécialiste, d'un résident ou d'une infirmière. Cet appel peut être urgent ou électif.

2. Dans le cas d'un appel d'urgence, l'anesthésiste demande les informations nécessaires concernant le patient de façon verbale ou remplit le dossier s'il dispose de temps suffisant. Le patient est ranimé selon son état en suivant les normes et protocoles scientifiques.

3. Quand l'appel n'est pas urgent, il s'agit d'une visite de routine pré opératoire : l'anesthésiste fait connaissance du dossier médical, interroge et examine le patient et accomplit le geste demandé au besoin.

4. Quand le patient passe dans le service d'anesthésie, un nouveau *dossier d'anesthésie* est ouvert contenant les résultats de l'examen physique direct, les examens de laboratoire requis et leurs résultats, le type d'anesthésie, etc. L'anesthésiste remplit la *fiche visite per-opératoire* et prescrit la prémédication nécessaire (page 1 du dossier d'anesthésie).

5. Si la chirurgie est décidée (urgente ou programmée), le patient est transporté au bloc opératoire. Une fois le patient au bloc, *une fiche d'anesthésie per opératoire* (pages 2-3 du dossier d'anesthésie) est remplie pendant tout le temps décrivant le type d'anesthésie choisie, les médicaments injectés et leurs doses, des relevés du pouls, de la pression artérielle, des gaz du sang, etc.

6. La chirurgie a lieu selon le processus du bloc opératoire. Le patient est surveillé pendant toute l'opération par l'anesthésiste.

7. Une fois la chirurgie terminée, le patient est réveillé, stabilisé par l'anesthésiste.

8. L'anesthésiste donne son accord pour le transfert en SSPI ou aux soins intensifs.

9. Le SSPI est l'endroit ou le patient continue à être surveillé par une infirmière diplômée rattachée au bloc opératoire, bien réveillé, soulagé de ses douleurs avant d'envisager son retour sur l'étage des soins infirmiers. Une *fiche de surveillance en SSPI* (page 4 du dossier d'anesthésie).est remplie par l'infirmière diplômée qui notera différentes valeurs : l'état de conscience du patient, sa respiration, son pouls, son activité, etc. Au besoin, l'anesthésiste pourra prescrire un ordre sur la fiche de traitement avant la sortie du patient.

10. Le patient accompagne de son dossier est reçu aux soins infirmiers par une infirmière diplômée.

11. S'il y a indication de passage post opératoire aux soins intensifs, le patient est tout se suite transférer aux soins intensifs sans passage par la SSPI.

12. Quelques heures après l'intervention, l'anesthésiste revoit son patient, évalue son état général de nouveau et remplit *une fiche de visite post anesthésique* (page 5 du dossier d'anesthésie) en notant son état général et ses complications éventuelles. Elle pourra proposer au besoin un traitement particulier en remplissant la fiche *de traitement post anesthésique* (page 6 du dossier d'anesthésie)

6.2. Acteurs du système

Le service est composé essentiellement :

- D'un responsable du service
- Médecins anesthésistes
- Infirmières diplômées
- Technicien anesthésiste

Dans le cas de l'informatisation du dossier d'anesthésie, nous allons supposer que la saisie du dossier dans le service d'anesthésie va se faire par le technicien ou l'infirmière pour éviter de créer une charge supplémentaire à l'anesthésiste.

6.3. Use case du service d'anesthésie

Ceci peut être illustré par le use case suivant :

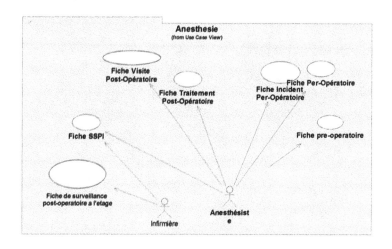

Figure 5 - Use Case: service d'anesthésie

6.4. Diagramme d'activités du service d'anesthésie

Ce processus est représenté dans le diagramme d'activités suivant :

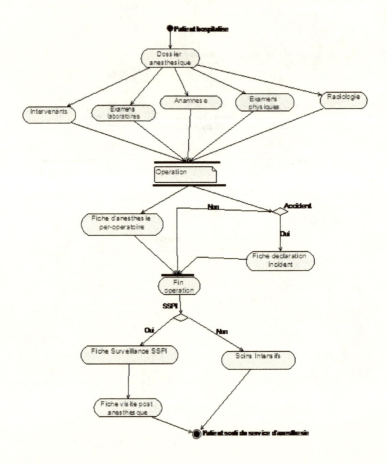

Figure 6 - Diagramme d'activités : service d'anesthésie

7. Analyse des documents

L'analyse des documents est une étape primordiale permettant d'extraire les informations nécessaires à la construction de la base de données liée au service d'anesthésie.

Cette étape a été faite en collaboration étroite avec le responsable du service d'anesthésie enfin de décider des informations utiles à la sauvegarde.

7.1. Dossier d'anesthésie

Le dossier d'anesthésie de l'hôpital est composé en plus de l'identification du patient de plusieurs pages décrites brièvement dans ce paragraphe.

7.1.1. Page1 : Consultation et visite pré opératoire

- *Date de la consultation* anesthésique: date de pré-opération
- *Nom du chirurgien*
- *Nom de l'anesthésiste*
- *Etiquette* du patient : contient catégorie du patient : CNSS, Assurance, etc.
- *Antécédents* : ce sont des maladies ou les actes médicaux, remplis via l'interrogatoire du patient.
- *Anamnèse et examens physiques* :
  - o Neurologie, Cardiovasculaire, Etc. : ➔ ce sont des maladies notées lors de l'examen physique.
  - o *Etat bucco dentaire* : liste prédéfinie
  - o Prothèse dentaire : Yes/No
- *Bilans:* Radiologie, ECG, …..=➔ résultats des examens de laboratoire.

- *Consultation spécialisée* : Médecins + spécialité + commentaires

- *Prémédication* : Médicaments à prescrire au cours de l'opération + médicaments qui sont en cours de traitement habituel : Nom médicament + Quantité +Dosage.

- *Type d'anesthésie*

- *Risque anesthésique*: utilisant une codification ASA classe.

- *Passage aux Soins Intensifs* : Prévue / Non prévue (nouvelle zone à jouter non prévue dur le dossier actuel).

- *Type d'opération* : Urgente/ Non urgente

7.1.2. *Pages2-3 : fiche d'anesthésie per opératoire*

Cette fiche comprend deux pages contenant les informations suivantes :

- *Prémédication* : médicaments pris effectivement : heure

- *Effet* : liste : Bon, Moyen, Mauvais.

- 2eme *bloc* (non informatisé) contient par tranche de minutes les valeurs suivantes :

    o Gaz O2

    o Gaz NO2

    o Drogues : Catégorie des médicaments pris

    o Score de la douleur : liste

    o Score de la sédation : score de 0-5

    o Pouls

    o Respiration exprimée en x/minutes

    o Diastolique

    o Systolique

    o Diurèse

- *3eme bloc* (<u>non informatisé</u>) contenant :
  - o Alarm checked : Oui/ Non
  - o Moniteur : Liste
  - o Position Liste
  - o Voies aériennes : liste
  - o Tech. Admin. : liste
  - o Transfusion/Perfusion : contenant :
    - ▪ Perte sanguine : valeur
    - ▪ Quantité sang reçue ; valeur
    - ▪ Perfusion totale : valeur
- *Page 3 :* contenant :
  - o Le bloc *remarques* avec la liste des médicaments analgésiques pris + heure de prise
  - o *Antibio prophylaxie* : la liste des médicaments pris + heure prise
  - o *Accidents per opératoire* : si oui ➜ on remplit la fiche de déclaration d'un incident per-opératoire.
  - o *Orientation* : SSPI ou soins intensifs.
  - o *Conditions* : Liste de valeurs prédéfinies.

7.1.3. Page4 : fiche de surveillance en salle de réveil (SSPI)

- *1er bloc* : pour chaque ligne, saisir une valeur 0, 1, 2 …et cumuler l'ensemble de notes pour décider ou pas le transfert dans la salle de réveil. Cette note obéit au référentiel : « un des critères de sortie de la salle de surveillance doit figurer un score faible d'intensité douloureuse » [2].

- *2eme bloc* : (<u>non informatisé</u>) contient par tranche de minutes les valeurs suivantes :

  - o Gaz O2

  - o Gaz NO2

  - o Drogues : Catégorie des médicaments pris

  - o Score de la douleur : liste

  - o Score de la sédation : score de 0-5

  - o Pouls

  - o Respiration exprimée en x/minutes

  - o Diastolique

  - o Systolique

  - o Diurèse

- *Dernier bloc* comprenant :

  - o *Ordres du médecin :*

    - ▪ *Analgésique* : médicaments pris

    - ▪ *Anti émétique* : médicaments pris.

  - o *Remarques*

  - o *Orientation :* Soins infirmiers ou Soins intensifs

  - o *IDE* : Nom de l'infirmière Diplômée

7.1.4. Page5 : fiche de visite post-anesthésique

- *Complications tardives :* maladies ou catégories de maladies remarquées 2 heures après

7.1.5. Page6 : fiche de traitement post-anesthésique

- Contient la liste des médicaments et des actes proposés par le médecin anesthésiste post opératoire, ainsi que les examens (laboratoire ou radiologique) à faire.

7.2. Registre des anesthésistes

Cette fiche est un rapport établi <u>par mois</u>, rempli manuellement par l'anesthésiste lors de chaque passage au service. IL comprend par jour les colonnes suivantes :

- *Catégorie du paiement* : existe dans l'étiquette du patient
- *Nom du patient* (+ âge)
- *Nom du chirurgien*
- *Nom de l'anesthésiste*
- Code ASA
- *Visite pré opération* : déduite de la date de pré-opération (page 1/6 du dossier) : faite, pas faite, faite le même jour.
- *Passage aux soins intensifs* : prévue, non prévue (zone ajoutée à la page 1/6 du dossier).
- *Transfusion* : prévue, non prévue existe a la page 1/6.
- *Complications tardives ou précoces* : déduites de la page 5/6 du dossier.

Ce registre pourra être remplacé par un rapport obtenu automatiquement du système au lieu de le saisir manuellement tous les jours en répétant les mêmes informations existantes dans le dossier patient.

7.3. Fiche de déclaration d'un incident per-opératoire

Cette fiche est utile pour la gestion des risques et du taux de mortalité/morbidité à l'hôpital. Elle contient les blocs suivants :

- *Identifiant du patient* : déduit du dossier.
- *Histoire du patient* : antécédents déduits du dossier.
- *Facteurs de risques* : commentaires en texte.
- *Description de l'incident* : heure + incident (Liste avec Autres) + texte libre
- *Actions entreprises* : liste : Décès, Invalidité totale, Invalidité partielle La valeur décès rentrera dans le taux de mortalité de l'hôpital.

7.4. Fiche de surveillance post opératoire Immédiate à l'étage

Cette fiche est remplie par l'infirmière lors de l'arrivée du patient à l'étage. Elle est consultée par l'anesthésiste lors de la visite post-op et examinée pour les rapports d'audit Elle contient les valeurs suivantes :

- *Etat de conscience* ou de sédation : score ou liste
- *Agitation* : Oui/Non
- *Score de la douleur* ; liste des scores
- *Traitements prescrits* : analgésiques : médicaments + quantité + dosage qui doit être le même que celui prescrit par l'anesthésiste.
- *Couleur de la peau* : Liste de valeurs prédéfinies.
- *Tension Artérielle* : valeur contrôlée
- *Pouls* : valeur contrôlée
- *Température* : valeur contrôlée
- *Frissons* : Oui/Non
- *Respiration* : liste de valeurs
- *Nausée* : Oui/Non
- *Vomissements* : oui/non
- *Diurèse* : valeur
- *Saignement* : oui/non
- *Drainage* : oui/non
- *Mobilisation* : oui/non
- *Remarques* : notées par l'infirmière.

7.5. Diagramme de classes

La modélisation des données propose une structure générique pouvant être utilisée ultérieurement pour ajouter les informations liées aux autres services d'un l'hôpital : en ajoutant les tables spécifiques à ce nouveau service et en utilisant simplement la structure déjà définie.

Actuellement, le modèle de données contient les détails spécifiques aux services étudiés surtout le service d'anesthésie. Nous allons procéder au découpage du diagramme de classes en plusieurs parties pour faciliter l'explication et la lisibilité du diagramme.

7.5.1. Diagramme de classes: Patient / Dossier Patient

- La classe principale *Patient* contient les informations personnelles permanentes du patient qui éventuellement restent les même d'un séjour a un autre.

- Un *Dossier Patient* est ouvert à chaque séjour patient dans l'hôpital dans lequel nous préciserons le type de couverture durant ce séjour et le *Service* d'accueil.

- Le *DossierAnesthésique* est un des dossiers liés au séjour d'un patient dans le service d'anesthésie.

- Nous avons lié les *ActesMedicauxPatient*, *ExamensPatientLabo*, *PriseMedicamentPatient* au dossier patient, pour centraliser toutes ces informations d'un séjour a un autre.

7.5.2. Diagramme de classes: Prise des médicaments

Les médicaments prescrits sont lies au dossier patient, pour lesquels on précise :

- *Catégorie* du médicament
- *Médicament* prescrit
- *PériodeMédicament* de prescription

7.5.3. Diagramme de classes: Personnel / Intervenants

- Nous gardons pour le dossier d'anesthésie les différents *Intervenants*, c.-à-d. le personnel intervenant durant les différentes phases.

- La même structure pourra adopter dans le cas ou on ajouter un dossier lie a un autre service.

- La classe *Personnel* est une classe mère utilisée pour l'héritage : les deux classes *Employé* et *Médecin* héritent de la classe *Personnel* mais avec des champs spécifiques. Nous aurons pu fusionner les deux classes Employé et *Médecin* en une seule table, mais nous avons préféré les séparer pour d'éventuelles extensions futures.
- Nous gardons le poste principal et actuel de l'employé dans son service.

7.5.4. *Diagramme de classes: Fiche de visite Post anesthésique*

La fiche de visite post anesthésique liée au dossier d'anesthésie est composée de plusieurs rubriques :

- *Complications* qui sont des *Maladies*
- *TraitementPostopératoire* qui sont divers *ExamensLaboratoires* ou des *ActesMedicaux*.
- Pour les *ExamensLaboratoires,* on précise date de l'examen, type et le résultat obtenu.

7.5.5. *Diagramme de classes: Fiche SSPI / Fiche Per opératoire*

- Une *FicheSSPI* est liée au dossier d'anesthésie : elle contient plusieurs valeurs évaluations de l'état du patient, de sa respiration, de sa tension artérielle, etc.
- Une *FichePeroperatoire* est liée au dossier d'anesthésie : elle contient divers champs relevés lors de la visite préopératoire.

7.5.6. *Diagramme de classes: Fiche surveillance post opératoire à l'étage*

- Une *FicheSurveillancePostOperatoire* est liée au dossier d'anesthésie : elle contient les détails de *SurveillancePeriodique* par tranche d'heure.
- La classe *ExamenPhysique* est liée au dossier d'anesthésie : elle contient les différentes valeurs relevées lors de l'examen physique.

7.5.7. *Diagramme de classes: Déclaration d'un incident*

Une fiche est remplie lors de la déclaration d'un incident. Dans laquelle on stocke le résultat et le type de l'incident ainsi que diverses remarques.

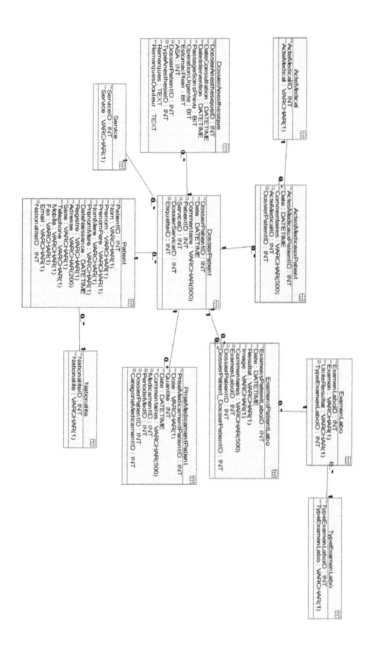

Figure 7– Diagramme de classes: Patient / Dossier Patient

23

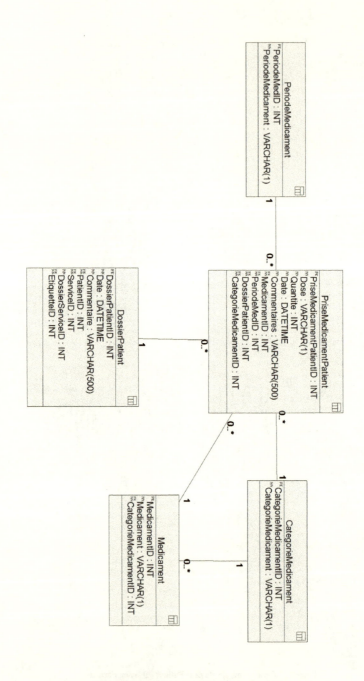

Figure 8 – Diagramme de classes: Prise des médicaments

24

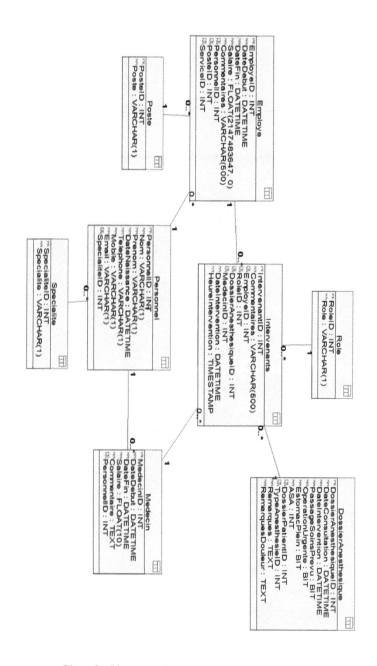

Figure 9 – Diagramme de classes: Personnel - Intervenants

25

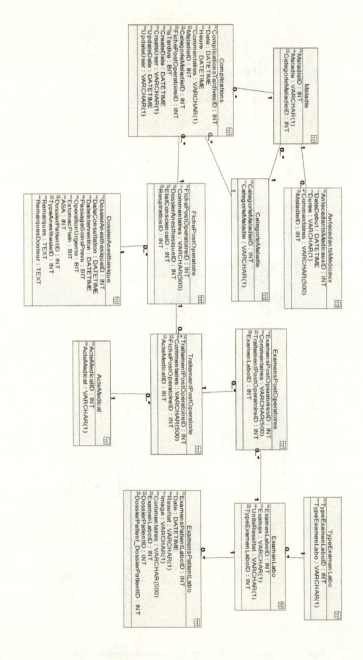

Figure 10 – Diagramme de classes: Fiche de visite post anesthésique

26

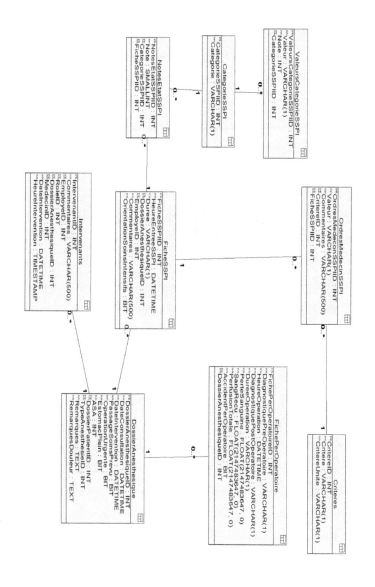

Figure 11 – Diagramme de classes : Fiche SSPI et Fiche Per opératoire

27

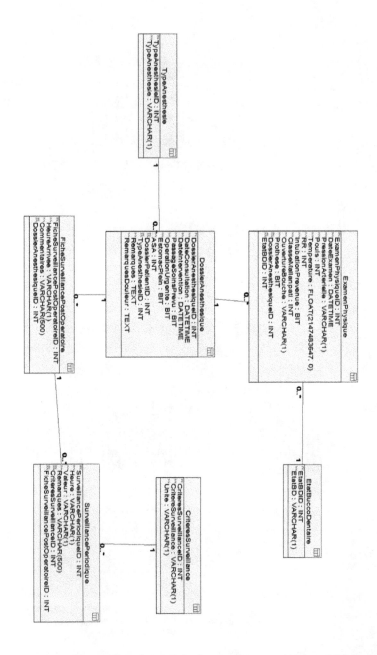

Figure 10 – Diagramme de classes: Fiche de surveillance post opératoire à l'étage

28

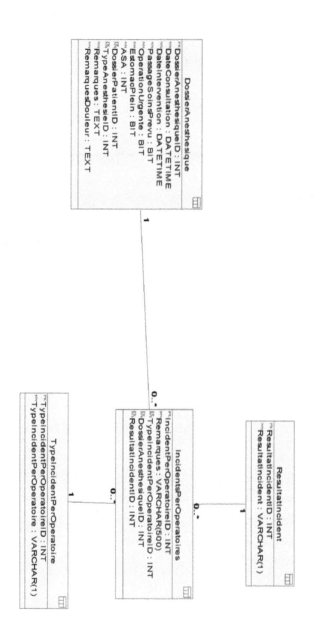

Figure 12 – Diagramme de classes: Déclaration d'un incident

29

7.6.Indicateurs de performance

L'évaluation de la qualité des données doit être basée sur des indicateurs qualité objectifs qui sont enregistrés et le résultat de l'évaluation doit être comparé à l'attente des utilisateurs.

La politique d'amélioration de la qualité et de gestion des risques de l'hôpital intègre l'évaluation des pratiques professionnelles. La « satisfaction des patients vis-à-vis de la prise en charge de la douleur postopératoire est un des critères d'évaluation de la prise n charge de la douleur » [2].

L'un des buts du prototype est de faciliter l'extraction des indicateurs suivants, déjà établis par le service qualité de l'hôpital à partir des informations saisies.

Actuellement, ces indicateurs et mesures sont établis manuellement (par lecture et comptage des dossiers). Le système doit permettre d'obtenir ses indicateurs rapidement à la demande pour une période donnée.

Indicateur	Document utilisé pour extraire l'indicateur
Nombre total d'anesthésies	Dossier anesthésique
Nombre de visites préopératoires même jour	Fiche de visite préopératoire
Nombre de patients décédés de cause anesthésique / Nombre total de patients opérés	Fiche de déclaration d'un incident préopératoire
Nombre de patient passés au service d'une façon imprévue / Nombre total d'anesthésie	Fiche de visite préopératoire
Nombre de visites préopératoires / Nombre total d'anesthésie	Fiche de visite préopératoire
Pourcentage de patients présentant une nausée post opératoire de cause anesthésique	Fiche de surveillance post opératoire immédiate à l'étage

Pourcentage de patients présentant un vomissement post opératoire de cause anesthésique	Fiche de surveillance post opératoire immédiate à l'étage
Pourcentage de patients présentant une douleur post opératoire	Fiche d'évaluation de la douleur en post opératoire
Nombre d'incidents relevés des causes anesthésiques	Fiche de déclaration d'un incident préopératoire

8. Rapports à produire

Le système doit pouvoir imprimer :

- Le dossier d'anesthésie patient
- Le registre d'anesthésie

9. Technologies utilisées pour le prototype

9.1. Environnement technique du prototype

Le prototype est destiné à être déployé sur des serveurs Windows. On a donc utilisé :

- ASP.NET avec C# pour le développement des pages dynamiques.
- JavaScript pour des traitements côté client avec AJAX pour des chargements ou des mises à jour différés.
- Microsoft SQL Server 2005 comme SGBD.
- CrystalReports pour la génération et l'affichage de rapports

Les principaux pré-requis sur le serveur de déploiement sont:

- .Net Framework 2.0
- le serveur WEB Internet Information Services IIS
- un serveur de base de données SQL Server

9.2. Architecture de l'application

Nous avons tenus compte du fait que l'architecture applicative utilisée doit permettre plus tard d'intégrer facilement d'autres applications à l'hôpital accédant éventuellement aux même données mais avec des technologies ou des langages différents.

Pour cela, nous avons proposé d'utiliser des services WEB pour l'accès à la base de données illustrée d'une façon simplifiée dans le schéma suivant :

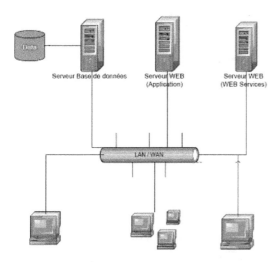

Figure 13 - Architecture de l'application

Les données de l'application, les pages WEB et les services WEB qui représentent l'intermédiaire entre les pages et les données peuvent être chacun sur un serveur différent, non nécessairement sur le même réseau local.

Ceci permet une immense extensibilité : on peut changer l'implémentation des services WEB en termes de langage de développement, de configuration de sécurité, de méthode d'accès aux données de façon indépendante à l'application.

Le seul changement à faire et de modifier l'URL des services WEB dans le fichier de configuration de l'application et le système reste toujours en ligne.

Aussi, on peut changer la structure de l'application sans avoir à toucher aux services WEB ni à la base de données.

9.3. Déploiement du prototype

Les étapes de déploiement d'une application WEB avec ces technologies sont les suivantes:

1. Copier les fichiers de l'application WEB sur le disque dur du serveur qui va l'héberger

2. Créer dans *IIS* la *Virtual Directory* qui va pointer vers ces fichiers sur disque et qui va permettre aux clients l'accès WEB

3. Configurer l'accès a ce site WEB dans *IIS* suivant les demandes de l'administrateur: configuration SSL, authentification par domaine, …

4. Copier les fichiers des services WEB sur le serveur qui va les héberger

5. Créer le *Virtual Directory* correspondant à ces services WEB dans le serveur IIS et modifier le fichier *web.config* de l'application WEB pour pointer vers ce serveur

6. Installer la base de données dans SQL Server et modifier le fichier *web.config* de l'application WEB afin de pointer vers le serveur de la base de données utilisée

7. Créer dans le *Event Viewer* du serveur hébergeant les services WEB et l'application la catégorie correspondant à l'application afin d'y écrire tous les messages d'erreurs et de notifications générés par l'application

9.3.1. Installation automatique du prototype

Seule l'étape 3 du déploiement doit se faire manuellement car elle dépend des politiques proposées par l'administrateur du serveur, tandis que les autres étapes peuvent être automatisées.

Pour faciliter l'installation du prototype, nous avons propose un *Installeur* automatique qui exécute tout le processus d'installation en quelques clics. L'outil va vérifier que le serveur d'installation a les pré-requis. Sinon, l'installation s'arrête et l'utilisateur est notifié.

Les étapes implémentées par ordre sont:

1. Copie des fichiers de l'application WEB sur disque: l'utilisateur sera demandé de spécifier le répertoire destination

2. Création de la Virtual Directory dans IIS: l'utilisateur sera demandé de spécifier un nom pour cette Virtual Directory

3. Création de la base de données: l'utilisateur sera demandé de choisir un serveur SQL cible, puis de saisir le Login et le mot de passe correspondant et enfin le répertoire où le fichier de la base de données et le fichier de Log seront créés

4. Création de l'entrée dans Windows Event Viewer

Pour plus de détails sur le processus d'installation automatique, consulter l'Annexe II.

10. Conclusion

L'informatisation du dossier d'anesthésie a visé à améliorer l'organisation du travail déjà existante en vue de renforcer sa qualité et sa valeur.

Nous avons essayé d'améliorer l'accès à l'information pour optimiser la prise de décision, élaborer des modèles de structuration de l'information nécessaires à la construction et à l'analyse d'indicateurs de santé.

10.1. Analyse des résultats

Ce travail avait pour but d'initier un essai d'informatisation d'un service à l'hôpital. La modélisation de la base de données pourra supporter l'ajout de nouveaux services sans altérer la structure existante.

Le prototype présente les avantages suivants :

- La facilité de naviguer entre les pages.

- La saisie d'un maximum de rubriques est facilitée par des listes ou des check box.

- La rapidité de l'édition des multiples documents nécessaires.

- L'obtention rapide des indicateurs.

- La facilité de la tenue du dossier d'anesthésie

- La prise en charge de la douleur postopératoire.

10.2. Difficultés rencontrées

- Comprendre l'utilité des différentes rubriques du dossier et sélectionner les zones à informatiser.

- Trouver un codage standard pour les actes médicaux, les maladies, les médicaments, les examens radiologiques, les examens physiques.

10.3. Améliorations

Il reste des améliorations et des points à compléter concernant les points suivants :

- Compléter la *gestion des droits d'accès* à travers la création de groupe d'accès et des utilisateurs appartenant a un ou plusieurs groupes. Un groupe définit un ensemble d'accès aux menus (fonctions) et/ou services de soins.

- **Compléter le développement** des :
  - ○ fiche de surveillance post opératoire immédiate à l'étage.
  - ○ fiche visite post anesthésique.

- **Récupérer le codage des valeurs** utilisées telles que : les actes médicaux, les maladies, les examens, etc.

- **Revoir le dossier d'anesthésie** pour ajouter des zones (Exemple : passage aux soins intensifs) ou simplifier d'autres.

- Pour **la prise en charge de la douleur postopératoire** : ajouter la mention du mode de prise en charge de la douleur postopératoire afin de connaître le protocole qui a été proposé et expliqué au patient ; ce qui améliorera le score et la qualité de l'information délivrée au patient.

- Installer le prototype dans le service et recueillir la réaction des utilisateurs après une période d'utilisation.

Références

[1] Dr Marc Dahlet. Informatisation de l'anesthésie, qualité et évaluation des pratiques professionnelles. Technologies de l'information et santé. 2007 ; 35-8.

[2] *Référentiel de pratiques professionnelles-Prise en charge de la douleur postopératoire.* HAS ed. 2005. pp 6. Accessible à : (http://www.smarnu.org/images/para/referentiel-douleur-college.pdf)

[3] *Manuel d'accréditation des établissements de sante. Deuxième procédure d'accréditation.* ANAES 2004. pp98.

Adresse de correspondance

bwakim@yahoo.com

11. Annexe I : Ecrans du prototype

Les principaux besoins de notre client peuvent être classifiés en deux catégories:

- La saisie et la consultation des dossiers et fiches spécifiques à chaque service
- La génération de rapports concernant les données saisies

11.1. Ecran de login / Authentification

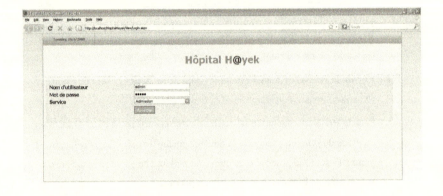

Figure 14 – Ecran de login

- Saisie du nom d'utilisateur et du mot de passe
- Choix du service (Liste filtré suivant les droits du login saisi)

11.2. Fonctions du Service d'admission / soins

Le menu à gauche permet la navigation vers les différentes fonctions du service :

- Page principale
- Nouveau patient
- Recherche patient
- Rapports
- Autre service
- Se déconnecter

11.2.1. Page Principale

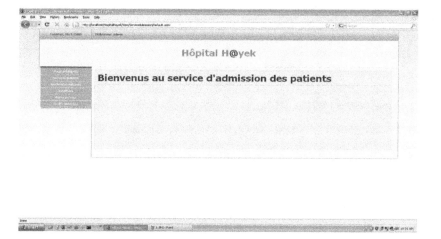

Figure 15 – Page principale du service d'admission

11.2.2. Ajout d'un nouveau Patient

Cet écran permet de:

- Saisir les informations personnelles du patient ; un contrôle se fait sur les valeurs nécessaires ou saisies incorrectement

- Sauvegarder pour passer aux autres informations

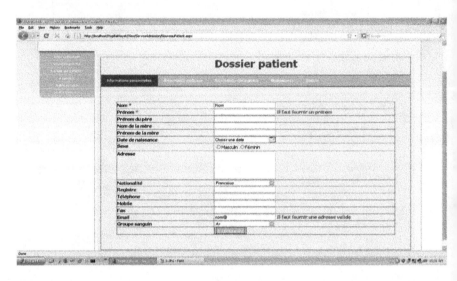

Figure 16 – Ajout d'un nouveau patient

11.2.3. Dossier/Séjour patient

Cet écran permet de saisir les informations relatives à l'admission du patient dans l'hôpital en créant un nouveau séjour :

- Saisie de la date d'admission du patient
- Saisie des informations concernant la couverture du patient
- Saisie du médecin traitant et d'éventuels commentaires

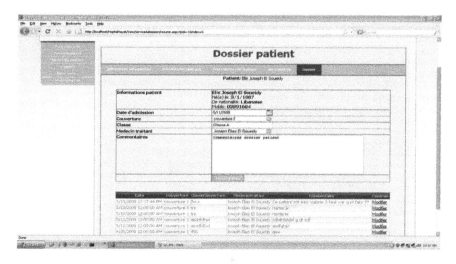

Figure 17– Ecran de saisie d'un nouveau séjour patient

41

11.2.4. Saisie des Antécédents médicaux

Cet écran permet de :

- Choisir la catégorie de la maladie parmi une liste prédéfinie

- Choisir la maladie parmi une liste codifiée.

- Saisir la date début et date fin d'une maladie

8. L'utilisateur pourra ajouter un nouvel antécédent ou modifier un ancien.

Le même principe s'applique sur les écrans de saisi des antécédents chirurgicaux et médicaments.

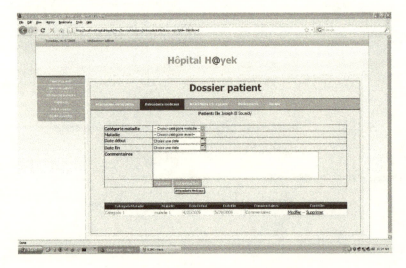

Figure 18 – Ecran des antécédents médicaux

11.2.5. Recherche d'un patient

Cet écran permet de retrouver un patient d'âpres son nom ou son numéro de dossier. Une recherche trop simple pour le moment qui doit être améliorée par la suite en ajoutant d'autres critères de recherche.

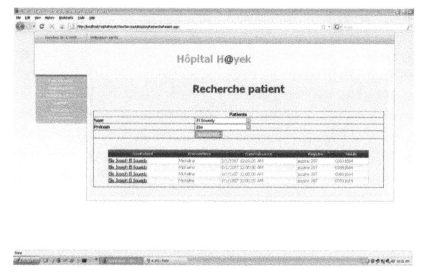

Figure 19– Recherche d'un patient

11.2.6. Changement de service

Cet écran permet de se connecter à un autre service : seuls les services autorisés sont affichés.

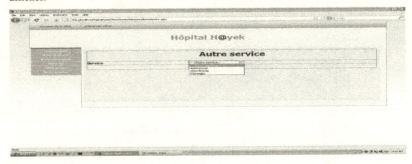

Figure 20– Accès à autre service

11.2.7. Rapport sur le séjour d'un patient

Cet écran permet d'afficher les séjours d'un patient :

- Entre deux dates
- Et/ou pour un patient spécifique.

Les rapports peuvent être extraits sous format PDF, Word ou Excel.

Dossiers patients

<u>Entre</u>: 5/4/2009 et 5/22/2009

Date	Nom Patient	Telephone	Mobile	Medecin Traitant	Couverture	Commentaires
05/12/2009	Elie Joseph El Soueidy	07811029	03691684	Joseph Elias El Soueidy	couverture 1 - Classe: asddfdfsd	sdfdfdsfdsf g df sdf
05/12/2009	Elie Joseph El Soueidy	07811029	03691684	Joseph Elias El Soueidy	couverture 1 - Classe: asddfdfsd	asdfghjkl
05/14/2009	Prenom PrenomPere Nom	tele	mobile	Joseph Elias El Soueidy	couverture 2 - Classe: 2	
05/14/2009	Nom3 Prenom			Joseph Elias El Soueidy	couverture 1 - Classe: 1	
05/14/2009	Prenom3 Nom			Joseph Elias El Soueidy	couverture 2 - Classe: economy	
05/19/2009	Elie Joseph El Soueidy	07811029	03691684	Joseph Elias El Soueidy	couverture 1 - Classe: tre	rtertertе
05/19/2009	Elie Joseph El Soueidy	07811029	03691684	Joseph Elias El Soueidy	couverture 1 - Classe: tre	rterterte
05/19/2009	Elie Joseph El Soueidy	07811029	03691684	Joseph Elias El Soueidy	couverture 1 - Classe: B++	Ce patient est tres malade.Il faut voir quoi faire.??
05/19/2009	Elie Joseph El Soueidy	07811029	03691684	Joseph Elias El Soueidy	couverture 1 - Classe: B	

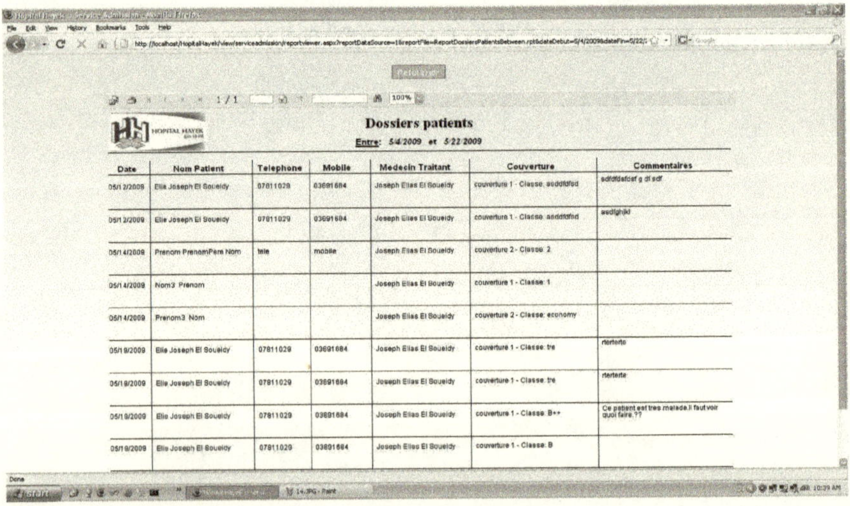

Figure 21 – Exemple d'un rapport généré

11.3.   Fonctions du Service d'anesthésie

Le menu à gauche permet la navigation vers les différentes fonctions du service :

- Page principale
- Nouveau dossier d'anesthésie
- Recherche patient
- Rapports
- Autre service
- Se déconnecter

11.3.1. Ouverture d'un nouveau dossier

L'utilisateur pourra ajouter un nouveau dossier en précisant les dates de consultation et d'intervention.

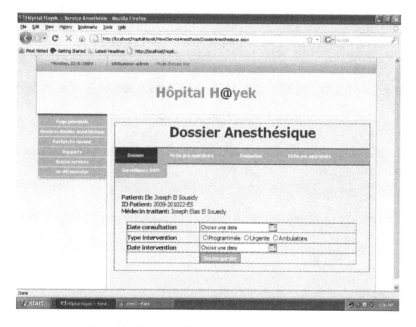

Figure 22– Ouverture d'un nouveau dossier d'anesthésie

11.3.2. Saisie des différents intervenants sur le dossier

L'utilisateur pourra saisir dans cette structure dynamique l'ensemble des personnes intervenant sur le dossier en précisant le rôle de chacun : anesthésiste, chirurgien, l'infirmière, le médecin spécialiste, etc.

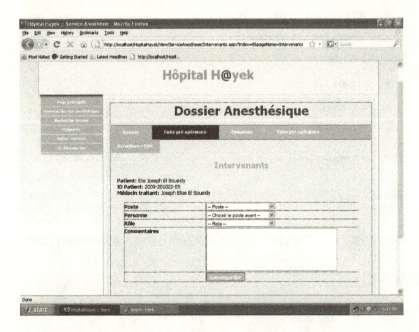

Figure 23– Saisie des intervenants sur le dossier d'anesthésie

46

11.3.3. Saisie du bloc Anamnèse

L'utilisateur pourra saisir ainsi les différents champs composant ce bloc en contrôlant les champs sur une liste de valeurs ou des check-box évitant ainsi les erreurs de saisie.

Figure 24– Saisie du bloc Anamnèse

11.3.4. Saisie des Examens Physiques

L'utilisateur pourra saisir les commentaires concernant les différents examens physiques effectues par l'anesthésiste durant la visite préopératoire.

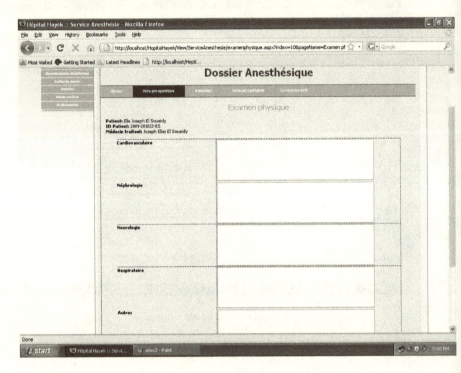

Figure 25– Saisie des Examens Physiques

11.3.5. Saisie des Examens Paramédicaux

Ces examens peuvent être des examens de laboratoires dans lesquels on précise pour chaque examen : sa date, le type de l'examen effectue (Glycémie, Créatinine, etc.), le résultat obtenu et des remarques éventuelles.

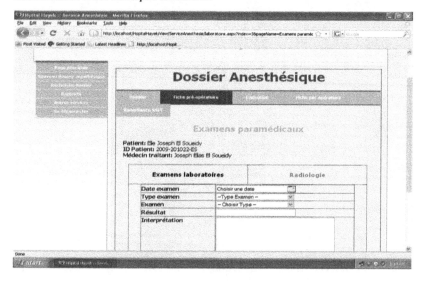

Figure 26– Saisie des Examens de Laboratoire

Ces examens peuvent être des examens de radiologie dans lesquels on précise le type de radiologie et les résultats sous forme de commentaires texte.

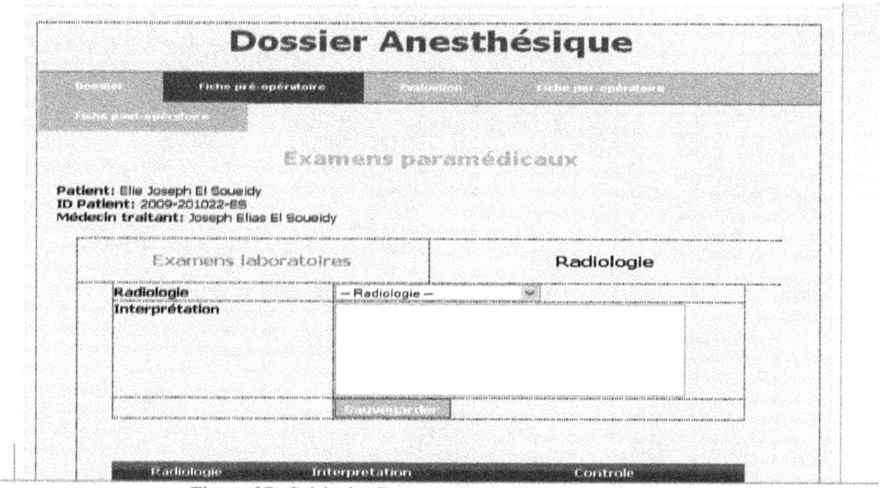

Figure 27– Saisie des Examens de Radiologie

11.3.6. Saisie du bloc Evaluation de la visite préopératoire

L'utilisateur remplira les valeurs des champs en se basant sur des listes codifiées ou des check box.

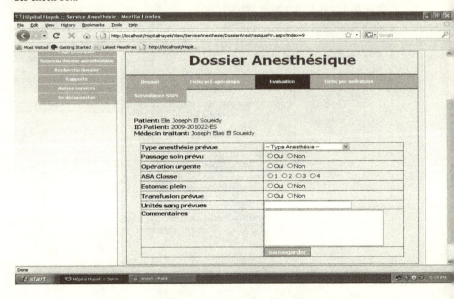

Figure 27– Saisie du dernier bloc Evaluation de la visite préopératoire

11.3.7. Saisie de la fiche per-opératoire

L'utilisateur pourra saisir l'heure de l'opération, la durée de l'opération et diverses informations relevées lors de la saisie de fiche per-opératoire.

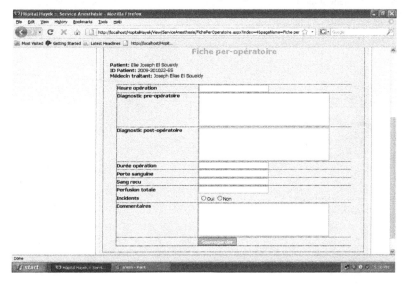

Figure 28– Saisie de la fiche per-opératoire

11.3.8. Saisie de la fiche d'incident per-opératoire

Si un incident intervient, le système ouvre la fiche d'incident per-opératoire pour saisir les détails de l'incident sous forme de commentaires.

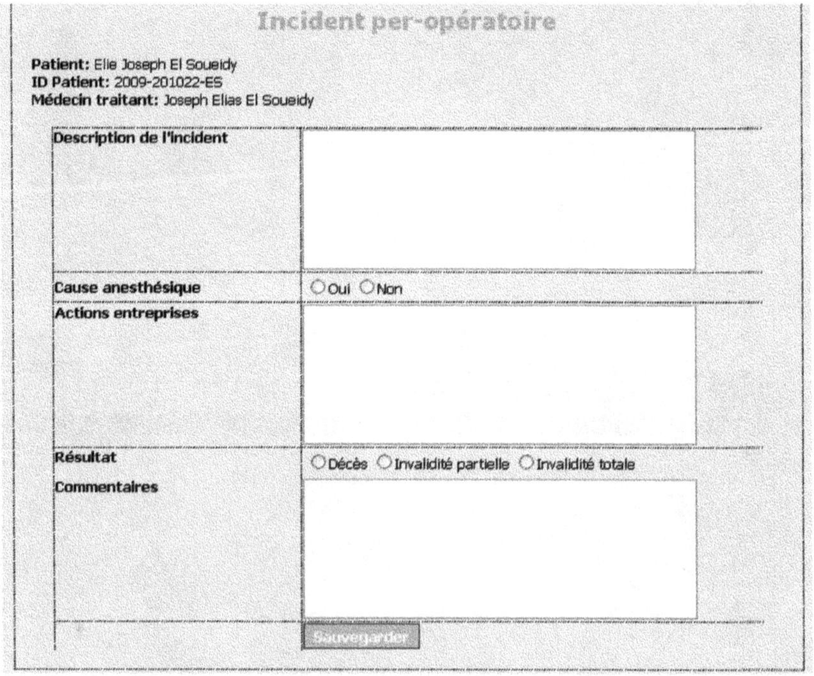

Figure 29– Saisie de la fiche d'incident per-opératoire

11.3.9. Saisie de la fiche de surveillance en SSPI

Dans le cas du passage en SSPI, l'utilisateur saisit les valeurs de certains champs : à chaque valeur correspond un nombre de points qui rentre dans le calcul de la note.

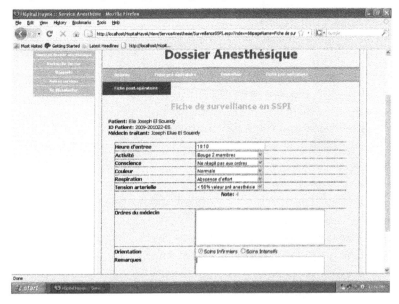

Figure 30– Saisie de la fiche de surveillance SSPI

11.3.10.   Saisie de la fiche de surveillance post opératoire à l'étage

L'utilisateur saisit les valeurs des champs de la fiche postopératoire.

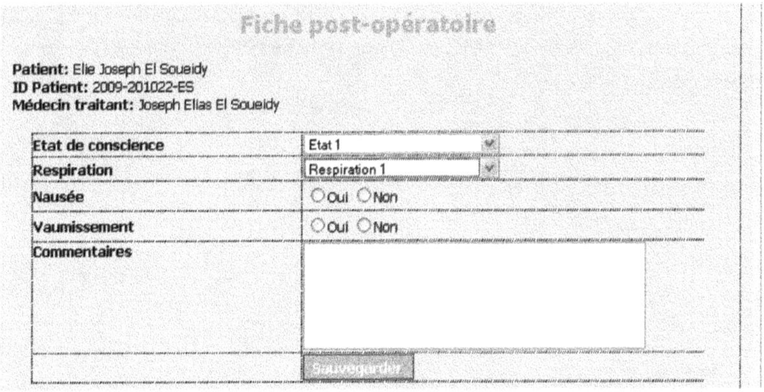

Figure 31– Saisie de la fiche de surveillance post opératoire à l'étage

```xml
<?xml version="1.0" standalone="yes" ?>
- <Dossier_x0020_Anesthesique>
- <Dossier>
  <DossierAnesthesiqueID>5</DossierAnesthesiqueID>
  <NomPatient>Nom Prenom</NomPatient>
  <DateNaissance>1987-03-</DateNaissance>
  <Date dossier>2009-05-19T12:17:44+03:00</Date dossier>
  <Couverture>couverture 1</Couverture>
  <ClasseCouverture>B++</ClasseCouverture>
  <MedecinTraitant>Nom Medecin</MedecinTraitant>
  <CommentairesDossierPatient>Ce patient est tres malade.Il faut voir quoi
    faire. </CommentairesDossierPatient>
  <DateConsultation>2009-05-28T00:00:00+03:00</DateConsultation>
  <DateIntervention>2009-05-29T00:00:00+03:00</DateIntervention>
  <TypeIntervention>Urgente</TypeIntervention>
  <TypeAnesthesie>Type 1</TypeAnesthesie>
  <ASA>1</ASA>
  <EstomacPlein>true</EstomacPlein>
  <TransfusionPrevue>true</TransfusionPrevue>
  <UnitesSangPrevues>1</UnitesSangPrevues>

    <CommentairesDossierAnesthesique>Commentaires</CommentairesDossierAn
    esthesique>
    </Dossier>
- <Intervenants_x0020_Employes>
  <IntervenantID>13</IntervenantID>
  <PosteID>1</PosteID>
  <RoleID>2</RoleID>
  <EmployeID>1</EmployeID>
  <NomEmploye>Prenom PrenomPere Nom</NomEmploye>
  <Role>Role 2</Role>
  <Commentaires>comm</Commentaires>
    </Intervenants_x0020_Employes>
- <Intervenants_x0020_Medecins>
```

```xml
<IntervenantID>12</IntervenantID>
<RoleID>1</RoleID>
<MedecinID>2</MedecinID>
<NomMedecinNom Medecin</NomMedecin>
<Role>Role 1</Role>
<Commentaires>commentaires</Commentaires>
  </Intervenants_x0020_Medecins>
- <Anamnese>
<AnamneseID>1</AnamneseID>
<DateExamen>2009-05-29T00:00:00+03:00</DateExamen>
<PressionArterielle>13/8</PressionArterielle>
<Pouls>85</Pouls>
<Temperature>38</Temperature>
<RR>65</RR>
<ClasseMallanpati>2</ClasseMallanpati>
<OuvertureBouche><35mm</OuvertureBouche>
<Prothese>false</Prothese>
<DossierPatientID>5</DossierPatientID>
<EtatBDID>2</EtatBDID>
<Taille>177</Taille>
<Poids>75</Poids>
<Commentaire>Commentaires</Commentaire>
<EtatBDID1>2</EtatBDID1>
<EtatBD>Etat 2</EtatBD>
  </Anamnese>
- <Examen_x0020_Physique>
<ExamenPhysiqueID>1</ExamenPhysiqueID>
<Cardiovasculaire>Cardio</Cardiovasculaire>
<Nephrologie>Nephro</Nephrologie>
<Neurologie>Neuro</Neurologie>
<Respiratoire>Respi</Respiratoire>
<Autres>Autres</Autres>
<Commentaires>COmm</Commentaires>
<DossierPatientID>5</DossierPatientID>
  </Examen_x0020_Physique>
- <Examens_x0020_Laboratoire>
<ExamensPatientLaboID>7</ExamensPatientLaboID>
<TypeExamenLaboID>1</TypeExamenLaboID>
```

```xml
<ExamenLaboID>1</ExamenLaboID>
<Date>2008-12-12T00:00:00+02:00</Date>
<Examen>Examen Labo 1</Examen>
<Resultat>1</Resultat>
<Image>i</Image>
<Commentaires>c</Commentaires>
  </Examens_x0020_Laboratoire>
- <Examens_x0020_Laboratoire>
<ExamensPatientLaboID>18</ExamensPatientLaboID>
<TypeExamenLaboID>1</TypeExamenLaboID>
<ExamenLaboID>1</ExamenLaboID>
<Date>2009-06-02T00:00:00+03:00</Date>
<Examen>Examen Labo 1</Examen>
<Resultat>res</Resultat>
<Image />
<Commentaires>inter</Commentaires>
  </Examens_x0020_Laboratoire>
- <Radiologies>
<RadiologiePatientID>14</RadiologiePatientID>
<RadiologieID>1</RadiologieID>
<Radiologie>Radio 1</Radiologie>
<Interpretation>radio1</Interpretation>
  </Radiologies>
- <Fiche_x0020_per-operatoire>
<FichePerOperatoireID>1</FichePerOperatoireID>
<DiagnostiquePreOperatoire>Tres malade</DiagnostiquePreOperatoire>
<HeureOperation>1900-01-01T12:45:00+02:00</HeureOperation>
<DiagnostiquePostOperatoire>TRes bien</DiagnostiquePostOperatoire>
<DureeOperation>2:45</DureeOperation>
<PerteSanguine>1.3</PerteSanguine>
<SangRecu>1.4</SangRecu>
<PerfusionTotale>1.25</PerfusionTotale>
<AccidentPerOperatoire>true</AccidentPerOperatoire>
<DossierAnesthesiqueID>5</DossierAnesthesiqueID>
<Commentaires>Commentaires</Commentaires>
  </Fiche_x0020_per-operatoire>
- <Incident_x0020_per-operatoires>
<IncidentPerOperatoireID>2</IncidentPerOperatoireID>
```

```
<Remarques>COmmentaires</Remarques>
<DescriptionIncident>Description</DescriptionIncident>
<DossierAnesthesiqueID>5</DossierAnesthesiqueID>
<ResultatIncidentID>3</ResultatIncidentID>
<Actions>Actions</Actions>
<ResultatIncidentPerOperatoireID>3</ResultatIncidentPerOperatoireID>
                                    <ResultatIncidentPerOperatoire>Invalidité
  partielle</ResultatIncidentPerOperatoire>
  </Incident_x0020_per-operatoires>
  </Dossier_x0020_Anesthesique>
```

11.3.12. *Edition des indicateurs*

Ce schéma XML permet à l'utilisateur d'extraire certains indicateurs de qualité nécessaire au service d'anesthésie.

```
<?xml version="1.0" standalone="yes"?>
<Qualite>
  <Indicateurs>
    <NbrTotalDossierAnesthesiques>12</NbrTotalDossierAnesthesiques>
    <NbrPatientsDecedesAnesthesie>0%</NbrPatientsDecedesAnesthesie>
    <NbrVisitesPreOperatoires>90%</NbrVisitesPreOperatoires>
    <NbrVisitesPreOperatoiresMemeJour>90%</NbrVisitesPreOperatoiresMemeJour>
    <NbrIncidentsAnesthesiques>0</NbrIncidentsAnesthesiques>
    <NbrPatientsImprevue>10%<NbrPatientsImprevue>
    <NbrPatientsNausees>10%</NbrPatientsNausees>
    <NbrPatientsVomissement>0</NbrPatientsVomissement>
    <NbrPatientsDPO>0</ NbrPatientsDPO >
  </Indicateurs>
</Qualite>
```

12. Annexe II : Installation automatique du prototype

Le programme d'installation automatique suit les étapes suivantes :

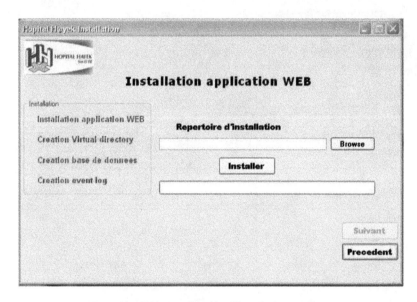

Figure 32 : Choix du répertoire d'installation sur disque

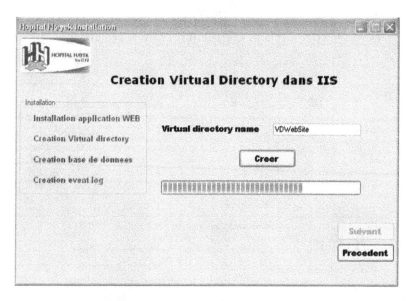

Figure 33 : Choix du nom du répertoire virtuel.

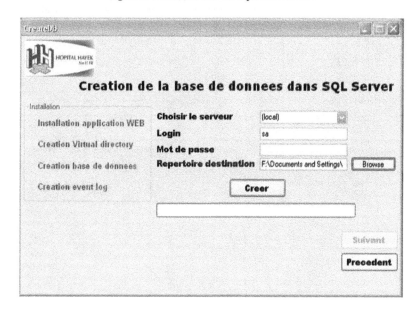

Figure 34 : Choix du serveur de BDD (administrateur + répertoire)

13. Annexe III : Certains Codes utilisés dans le prototype

Champ à saisir	Liste utilisée
Activité	Bouge tous les membres, Bouge deux membres, Ne pas bouger les membres.
Classe ASA	1, 2, 3, 4
Conscience	Répond verbalement et orienté, Réagit a l'appel de son nom, ne réagit pas aux ordres.
Couleur	Normale, Pale, Cyanose
Couverture	Sécurité Sociale, Assurance, Aucune couverture
Examen	Hémoglobine, Ferritine, etc.
Poste	Médecin, Infirmière, Technicien, Administratif, Autre.
Respiration	Respiration spontanée, Dyspnée ou spasme, Absence d'effort respire
Rôle	Médecin Traitant, Médecin spécialiste, etc.
Tension artérielle	>80% valeur pré anesthésie, 50-80% valeur pré anesthésie, <50% valeur pré anesthésie
Type d'intervention	Programmée, Urgente, Ambulatoire
Type d'examen	Sanguin, Urine, etc.
thésie prévue	A/G, Régionale, Spinale, Péridurale, Locale, Locale assistée

14. Annexe IV : Table des figures

Une maison d'édition scientifique

vous propose

la publication gratuite

de vos articles, de vos travaux de fin d'études, de vos mémoires de master, de vos thèses ainsi que de vos monographies scientifiques.

Vous êtes l'auteur d'une thèse exigeante sur le plan du contenu comme de la forme et vous êtes intéressé par l'édition rémunérée de vos travaux? Alors envoyez-nous un email avec quelques informations sur vous et vos recherches à: info@editions-ue.com.

Notre service d'édition vous contactera dans les plus brefs délais.

Éditions universitaires européennes
est une marque déposée de
Südwestdeutscher Verlag für
Hochschulschriften GmbH & Co. KG
Dudweiler Landstraße 99
66123 Sarrebruck
Allemagne

Téléphone : +49 (0) 681 37 20 271-1
Fax : +49 (0) 681 37 20 271-0
Email : info[at]editions-ue.com
www.editions-ue.com